Liebe Eltern,

jedes Kind ist anders. Eines kennt bereits alle Buchstaben in der Vorschule und kann sie zu Worten formen. Ein anderes lernt das ABC beim Eintritt in die Schule. Für das spätere Leseverhalten ist das völlig unerheblich. Wichtig aber ist der Spaß am Lesen – und zwar von Anfang an. Darum muss sich die konzeptionelle Entwicklung von Lesetexten an den besonderen Lernentwicklungen des einzelnen Kindes orientieren.

Wir haben deshalb für unser Bücherbär-Erstleseprogramm verschiedene Reihen für die Vorschule und die ersten beiden Schulklassen entwickelt. Sie bauen aufeinander auf und holen die unterschiedlich entwickelten Kinder dort ab, wo sie sind. So wird der Lernprozess auch für den fortgeschrittenen Erstleser leichter und die Freude am Lesen hält ein Leben lang.

Die Bücherbär-Reihe *Kurze Geschichten* richtet sich in der Regel an Leseanfänger in der 2. Klasse.

Jana Frey
Rittergeschichten

Lieber Ben,
wir wünschen Dir in Deiner neuen
Heimat viele gute Freunde, fröhliche
Tage und ...
Wir werden ...

Deine Klassen... 2a
Deine Klassen...
und alle, die Dir...

Potsdam, 13. August 2013

Jana Frey
wurde 1969 in Düsseldorf geboren. Nach ihrer Schulzeit in Wiesbaden
studierte sie in Frankfurt, San Francisco und Auckland/Neuseeland Literatur,
Kunst und Geschichte. 1994 erschien ihr erster Jugendroman.
Inzwischen hat sie schon viele Bücher für Kinder und Jugendliche
geschrieben und verfasst auch Drehbücher fürs Fernsehen.
Sie lebt heute mit ihrer Familie in Wiesbaden.

Johannes Gerber,
in der Nähe von Zwickau geboren, studierte Malerei und Grafik
an der Hochschule für bildende Künste in Berlin. Neben Cartoons
und Comics für Zeitschriften, Kalender und Filme hat er zahlreiche
Kinderbücher für verschiedene Verlage illustriert.

MIX
Papier aus verantwor-
tungsvollen Quellen
FSC® C022125
FSC
www.fsc.org

4. Auflage 2012
© Arena Verlag GmbH, Würzburg 2004
Alle Rechte vorbehalten
Einband und Illustrationen: Johannes Gerber
Gesamtherstellung: Westermann Druck Zwickau, GmbH
ISBN 978-3-401-70133-2

www.arena-verlag.de

Jana Frey

Rittergeschichten

Mit farbigen Bildern
von Johannes Gerber

Arena

Inhalt

Der Drachenbändiger

Der edle Ritter Alfonso von Andalusien war
ein sehr berühmter, gefürchteter und
geachteter Mann. Vor allen Dingen aber
war er mutig. Landauf, landab erzählte
man sich Geschichten über ihn. Es gab
sogar eine Menge Lieder, die von ihm und
seinen Heldentaten handelten. So hatte er
zum Beispiel, noch bevor er richtig
erwachsen gewesen war, bereits drei
wilde, Feuer speiende Drachen getötet.
Später hatte er das Land von einem bösen,
tückischen Zauberer befreit und noch
später ein äußerst bissiges, dreiköpfiges
Ungeheuer aus dem Wald hinter der Stadt
vertrieben. Danach hatte er sich verliebt
und die schöne Tochter des königlichen
Rosengärtners geheiratet.

Ein paar Jahre gingen ins Land, und dann
hatten Ritter Alfonso und seine Frau zwei
Kinder, ein Mädchen und einen Jungen.
Sie glichen einander wie ein Ei dem
anderen, denn sie waren Zwillinge.
Kaum dass sie auf der Welt waren,
schnappte sich Ritter Alfonso den kleinen,
neugeborenen Elias von Andalusien aus
seiner Wiege und betrachtete ihn äußerst
zufrieden.
„Willkommen, du winziger, mutiger Ritter!",
rief er beglückt und stapfte mit

seinem kleinen Sohn auf den höchsten Turm seiner edlen Ritterburg. Von dort oben zeigte er ihm das weite Land und den hohen Himmel und den dunklen Wald und die bunte Stadt.

„Ich freue mich schon darauf, mit dir gegen Drachen zu kämpfen, Ritter Elias", sagte Ritter Alfonso und war von Kopf bis Fuß stolz. „Ja, wahrhaftig, darauf freue ich mich", murmelte er glücklich. „Und böse Zauberer werden wir zusammen vertreiben und gefährliche Ungeheuer bekämpfen . . ."

Summend brachte Ritter Alfonso Elias in sein Kinderzimmer und legte ihn behutsam zurück in seine Babywiege.

Auf sein zweites Baby, die kleine Emma, warf er nur einen kurzen, gelangweilten Blick. „Was soll ich bloß mit einem verflixten Mädchen anfangen?", murmelte er ungehalten und ging davon.

Zehnmal waren seitdem Sommer und
Winter gekommen und wieder gegangen.

„Komm, Elias, wir reiten in den Wald!", rief
Emma eines Tages vergnügt und sprang
von Burgzinne zu Burgzinne auf dem
höchsten Turm der Burg.

Elias saß auf der steinernen Wendeltreppe
und streichelte Ritter Kokosnuss, sein
Streifenhörnchen.

„Nö, ich will nicht ausreiten", murmelte er
und gab Ritter Kokosnuss eine Rosine.

„Dann reite ich eben alleine aus!", rief
Emma und flitzte davon.

Unglücklicherweise traf sie im Pferdestall auf ihren Vater.

„Was willst du hier, zum Donnerwetter?", schnaubte der und betrachtete seine Tochter unwillig. „Du bist ein Mädchen! Und Mädchen sollen nicht reiten. Wie oft habe ich dir das schon gesagt? Du kannst sticken gehen. Oder dich ans Spinnrad setzen. Oder Blumen im Garten pflücken . . ."

„Das will ich aber alles nicht!", rief Emma ärgerlich.

„Wo ist dein Bruder?", erkundigte sich
Ritter Alfonso streng. „Treibt er sich wieder
mal herum und zähmt Tiere?"
Die Stimme von Ritter Alfonso klang
furchterregend.
Da schlich sich Emma lieber schnell aus
dem Stall. Sie rannte zurück zu Elias, um
ihn vor der schlechten Laune ihres Vaters
zu warnen. Und tatsächlich – Elias hatte
schon wieder einen neuen Freund
gefunden. Diesmal war es ein kleiner
Falke, der sich anscheinend verflogen
hatte und sich nun vertrauensvoll an ihn
schmiegte. Elias hatte eine Menge Tiere:
ein Streifenhörnchen, einen Fuchs, ein
junges Wildschwein, einen Dachs
und ein Reh.

Ritter Alfonso hatte es gar nicht gerne,
dass Elias so sanft und still und tierlieb
war. Immerzu gab es Streit deswegen.
Aber bevor Emma ihrem Bruder von dem
Vorfall im Stall erzählen konnte, herrschte
plötzlich eine große Aufregung auf der
Burg.

„Da! Da! Da!", rief der Hufschmied und
starrte mit weit aufgerissenen Augen in den
Burggraben. Von allen Seiten liefen
schreiend die Menschen zusammen.

„Was ist da bloß los?", murmelte Emma neugierig und kletterte auf die hohe Burgmauer. Und da sah sie es auch schon: Aus dem dunklen Wasser des Burggrabens hatte sich ein großes, wildes Ungeheuer erhoben, und mit einem seiner vielen Arme hatte es sich Ritter Alfonso geschnappt und zu sich ins Wasser gezerrt. Der rang um Luft und sein Leben.

„Papa, ich komme und helfe dir!", rief
Emma, weil sonst niemand Anstalten
machte, Ritter Alfonso zu Hilfe zu kommen.
Mit einem Satz sprang sie über die Mauer
und landete direkt auf dem zottigen Kopf
des Ungeheuers. Blitzschnell hielt sie ihm
mit beiden Händen fest die winzigen
gelben Augen zu. Das Ungeheuer
schnaufte verwirrt und schüttelte wild
den Kopf. Aber Emma gab nicht nach,
und schließlich hatte das Ungeheuer
genug von dieser ungemütlichen

Dunkelheit und ließ Ritter Alfonso los. Der
kletterte erschöpft an Land, und Emma
sprang ihm vergnügt hinterher. Verwirrt
schaute der Ritter seine Tochter an.
„Du hast mir tatsächlich das Leben
gerettet!", stotterte er und kratzte sich
am Kopf. „Du scheinst eine wahre Ritterin
zu sein . . ."
Emma lächelte ihrem Vater zu.
„Vielleicht könnten wir beide zusammen
losziehen und gegen Drachen, Zauberer
und Ungeheuer kämpfen?", fragte Ritter
Alfonso schließlich.
Emma nickte glücklich.

Und was tat Elias? Er stieg still und leise und zufrieden in den Burggraben und zähmte das wilde Burggrabenungeheuer.

Ritter Orlando rettet eine Prinzessin

Das ganze Land befand sich in heller
Aufregung, denn auf der alten, verfallenen
Burg Drachenhorst trugen sich in der
letzten Zeit höchst seltsame Dinge zu.
Begonnen hatte es damit, dass dort
eines Tages eine fremde Fahne gehisst
worden war.

Ein paar Tage später zischten brennende
Pfeile über den Burggraben, als der Herzog
des Landes mit seinem Gefolge an der
Burg vorbeizog.

„Wer seid ihr, und was treibt ihr auf Burg
Drachenhorst?", rief der Herzog drohend
und starrte gebieterisch zu der verfallenen
Burg hinüber. Als Antwort klatschte eine
Ladung heißes Öl über die Burgmauer.

Der Herzog sprang im letzten Augenblick
zur Seite, gab seinem Pferd die Sporen und
floh mitsamt seinem Gefolge. Aber da er
sehr empört über so eine Behandlung
seiner Person war, trommelte er die
mutigsten Ritter des Landes zusammen.
„Seht nach, wer sich auf Burg

Drachenhorst eingenistet hat, und vertreibt diesen Eindringling!", befahl er ihnen mit Donnerstimme.

Bald darauf schlich nahe der Burg Drachenhorst ein Dutzend Ritter durch das herbstliche Unterholz. Plötzlich zerriss ein klagender Laut die Stille.

„Was war das?", flüsterte Ritter Orlando
und blieb stehen.

Die anderen Ritter zuckten mit den
Achseln. Da wiederholte sich der Schrei.
Er begann laut und verzweifelt und erstarb
dann allmählich zu einem traurigen,
hoffnungslosen Wimmern.

Die Ritter schauten sich an.

„Denkt ihr, was ich denke?", fragte Ritter
Orlando.

„Was denkst du denn?", erkundigte sich
einer der anderen Ritter und trat nervös
von einem Fuß auf den anderen.

„Ich denke, dass dort oben auf Burg
Drachenhorst jemand gefangen gehalten
wird . . ."

Schritt für Schritt schlichen die Ritter durch den Wald. Schon ein paar Minuten später erscholl ein weiterer Schrei.

„Hilfe! Hilfe! Hilfe!", rief eine verzweifelte Stimme, die zart und hell und hoffnungslos klang.

„Eine Prinzessin", murmelte Ritter Orlando und sah plötzlich sehr aufgeregt und beglückt aus. „Das ist ganz sicher der Ruf einer gefangenen Prinzessin!"
Mit klopfendem Herzen griff er nach seinem Schwert. „Und wir werden sie

natürlich befreien und wahre Helden
werden. Und dann werde ich die Prinzessin
um ihre Hand bitten und sie heiraten!"
Die anderen Ritter machten unschlüssige
Gesichter.
„Also, ich weiß nicht", murmelte schließlich
einer von ihnen und schnupperte in den
Wind.
„Was weißt du nicht?", fragte Ritter
Orlando ungeduldig.
„Wenn ihr mich fragt, sollten wir die Sache
abblasen und nach Hause reiten."
„Was faselst du da?", unterbrach ihn
Ritter Orlando gereizt.
Der andere Ritter hielt seine
Ritternase ein zweites Mal
prüfend in die kühle
Waldluft.

„Also, ich meine, die Luft riecht hier ganz eindeutig nach Feuer und Schwefel", erklärte er ängstlich. „Und das legt den Verdacht nahe, dass das arme Mädchen auf der Burg von einem gefährlichen Drachen gefangen gehalten wird."

Als die anderen Ritter das hörten, zogen sie allesamt entsetzt die Köpfe ein und beschlossen einen schnellen Rückzug.

„Ihr Angsthasen!", rief ihnen Ritter Orlando verächtlich hinterher. „Dann werde ich eben alleine zur Burg hinaufgehen. Und hört meinen Schwur, ehe ihr flieht: ›Ich schwöre, das arme, unglückliche Wesen aus der Hand des bösen Ungeheuers zu befreien, es dann zu heiraten und den Rest meines Lebens mit ihm zu verbringen!‹"

Das war Ritter Orlandos Schwur. Und gleich darauf machte er sich mutig auf den gefährlichen Weg. Brennende Pfeile und kochendes Öl empfingen ihn, aber er gab nicht auf. Und als er die Burg endlich erreicht hatte, stand er vor seinem Feind, dem Ungeheuer!

Fassungslos riss Ritter Orlando die Augen
auf. Denn der Feind war eine böse,
gefährliche Prinzessin.

„W-w-was ist hier los?", stotterte Ritter
Orlando. „Und wer ist es, der hier immerzu
um Hilfe schreit?"

„Das werde ich dir zeigen!", fauchte die
böse Prinzessin und riss mit einem Ruck

eine schwere Kerkertür auf. Und dahinter
saß ein kleiner, Feuer speiender,
dreiköpfiger Drache und blinzelte Ritter
Orlando hoffnungsvoll an.
Und so kam es, dass Ritter Orlando einen
Drachen heiratete und den Rest seines
Lebens mit ihm verbrachte. Schließlich
hatte er das geschworen!

Der verschluckte Goldschatz

Man schrieb das Jahr 1500. Es war ein
schöner Maitag, als der junge Ritter Roland
von Rittersporn einer Prinzessin des
Landes das Leben rettete. Und das war so
gekommen: Ritter Roland war eben auf
dem Weg zu einer Tafelrunde im
Schloss des Königs, als er am Rand des
Schlossparks Zeuge eines schlimmen
Zusammenstoßes wurde. Entsetzt
gewahrte er einen dicken Drachen, der
eben eines seiner beiden Mäuler aufriss,
um die jüngste Tochter des Königs
zu verspeisen.

Drei Diener standen um die Prinzessin
herum, aber vor Furcht rührte keiner von
ihnen auch nur einen Finger.

Da stürmte Ritter Roland heran. Schon im

34

Laufen zückte er sein Schwert und tat, was getan werden musste. Mit einem Hieb schlug er dem überrumpelten Drachen den bissigen Kopf ab. Der andere Kopf des Drachen knurrte verärgert und fuhr herum.

„Pass auf, diesen Kopf kann ich dir auch noch abschlagen!", rief Ritter Roland drohend. Da zog es der Drache vor, fauchend davonzutrotten und sich in seiner Drachenhöhle zu verkriechen. Dort würde er abwarten, bis ihm sein fehlender Kopf wieder nachgewachsen war. Dann aber wollte er sich rächen, das nahm er sich fest vor.

Ritter Roland aber wurde zum gefeierten Helden des Landes, und der König schenkte ihm zum Dank einen Topf voller Gold. Einige Jahre später, wieder war es ein sonniger Maitag, beschloss Ritter Roland, mit dem vielen Gold, das der König ihm geschenkt hatte, eine kleine, gemütliche Burg zu kaufen. Vergnügt wanderte er mit dem Topf voller Gold durch den Wald, als plötzlich der Drache vor ihm stand, dem

endlich der abgeschlagene Kopf ordentlich nachgewachsen war. Und ehe Ritter Roland sich versah, hatte der Drache ihn gepackt und verspeist. Mitsamt seinem Goldschatz.

Trotzdem wurde die Heldentat von Ritter Roland weitergefeiert, und auch 500 Jahre später war er noch nicht ganz vergessen. Denn ein prächtiges, leicht staubiges Gemälde seiner Person hing in einem kleinen Museum.

Und hier betrachtete ihn Max, als er an einem verregneten Nachmittag durch das Museum trottete. Sein Vater war der Museumsdirektor, und darum verbrachte Max dort viel Zeit. Draußen blitzte und donnerte es. Und plötzlich gab es einen

schrecklich lauten Knall,
als ein Blitz mitten ins Museum
einschlug. Mit Riesengetöse
fuhr er direkt zwischen
Max und Ritter
Rolands Gemälde.
Max zuckte
erschrocken
zusammen und
duckte sich.

Und als er sich schließlich wieder aufrichtete,
traute er seinen Augen kaum: Was war nur
geschehen? Es regnete nicht mehr. Und im
Museum war Max auch nicht mehr.
Stattdessen befand er sich auf einer Wiese,
und jemand stand neben ihm und schaute
ihn verwundert an. Max riss die Augen auf.
„Ritter Roland?", stotterte er verblüfft.
„Ja, der bin ich", sagte der
sommersprossige Ritter und schüttelte Max
erfreut die Hand. Max schaute sich
neugierig um. Anscheinend war er mitten in
Ritter Rolands Welt gelandet.

„Na, hast du Lust, mich zu begleiten?",
fragte Ritter Roland. „Ich hätte gegen ein
bisschen Gesellschaft auf meinem Weg
nichts einzuwenden."

Max hielt den Atem an. Gab es da nicht
etwas, was er aus Ritter Rolands Leben
wusste? Sein Vater hatte ihm da doch
etwas von einem Drachen erzählt.

Max runzelte nachdenklich die Stirn.

„Wo gehst du denn hin?", fragte er Ritter
Roland von Rittersporn vorsichtig.

„Oh, ich habe große Pläne", antwortete der
Ritter gut gelaunt und bückte sich, um
etwas hervorzuholen, das verborgen im
Schutz eines stacheligen Strauches
gestanden hatte. Es war ein Messingtopf
voller Gold.

Da fiel es Max wieder ein. Vor Schreck blieb ihm fast die Luft weg. Aber dann beschloss er blitzschnell, Ritter Roland zu helfen. Mutig begleitete er ihn in den Wald.

„Ich habe mal einem Drachen einen Kopf abgeschlagen", erzählte Ritter Roland unterwegs und machte dabei ein Gesicht, als habe er tatsächlich fast ein bisschen Mitleid mit dem Drachen. „Aber es musste sein", fügte er dann eilig hinzu. „Bei gefräßigen Drachen hat man nur zwei

Möglichkeiten. Bleibt Zeit, kann man sie in den Schlaf singen. Ist Eile angesagt, muss man ihnen leider einen ihrer bissigen Köpfe abschlagen."

Max lauschte gespannt. So war das also! Und genau da hörte er ein Unheil verkündendes Knacken im Gebüsch am Wegrand.

„Meine Oma fährt im Hühnerstall Motorrad . . .", begann er, vorsichtig zu singen.

Ritter Roland schaute ihn verwundert an.

„Die Affen rasen durch den Wald . . .", fuhr Max nervös fort. Danach schmetterte er mit aller Kraft: „Hier kommt der Superstar . . ."

Plötzlich drang lautes Schnarchen aus dem Dickicht, und im nächsten Moment kippte ein dicker, fest schlafender Drache aus dem Gebüsch.

„Du lieber Himmel!", rief Ritter Roland
und starrte zuerst den zweiköpfig
schnarchenden Drachen und dann Max
verblüfft an. „Das war tatsächlich
Rettung in allerletzter Sekunde."
Max nickte erleichtert, und
Ritter Roland schenkte ihm zum Dank
eine ganze Handvoll Goldmünzen aus
seinem nicht verschluckten Schatz.
Da knallte es erneut, und ein zweiter
Blitz schleuderte Max zurück ins
Museum. Zufrieden betrachtete Max
die funkelnden Münzen in seiner
Hand. Dann lächelte er dem staubigen
Bild zu. Und Ritter Roland lächelte
tatsächlich zurück. Prima, dass
er nun doch nicht
verspeist worden
war.

Aljoscha und das Ungeheuer im Schloss

Eines Morgens, als der König seinen Thronsaal betrat, war es da. Wie angewurzelt blieb der König stehen und starrte auf das, was sich da riesig und breitmäulig auf seinem prächtigen Thron rekelte.

„Du lieber Himmel . . .", stotterte der König entsetzt. Dann rief er eilig seine Diener, damit sie das Untier, wie auch immer, aus dem Schloss schaffen sollten.

Aber die Diener zitterten vor Angst und
verweigerten den Dienst. Da rief der König
seine Leibwächter, aber die schüttelten
ebenfalls ängstlich ihre Köpfe.
„Hufschmied! Feldmarschall!
Kriegsminister!", brüllte der König. „Schafft
auf der Stelle dieses Ungeheuer aus dem
Palast!"

Aber der stachelige Drache ließ sich nicht
verscheuchen. Er watschelte, wie er wollte,
knurrend im Schloss herum und fraß dort
alle Vorratskammern leer. Und als er
hinterher immer noch hungrig war,

stampfte er hinunter in die Stadt und räuberte auch dort alles Essbare, was er finden konnte. Es dauerte nicht lange und in der Stadt herrschte große Not.

Da ließ der König eines Tages einen Aufruf auf dem Marktplatz verlesen. Aber sehr leise und vorsichtig, damit das Ungeheuer nichts davon zu hören bekam, wo immer es auch gerade steckte.

„Wer es schafft, den Drachen aus unserer Stadt zu vertreiben, der wird in den Ritterstand erhoben und mit Gold überschüttet werden", flüsterte ein Diener aus dem Schloss behutsam.

Da gab es kein Halten mehr. Tag für Tag zogen die Männer der Stadt gegen den Drachen zu Felde. In blank geputzten Rüstungen und mit geschärften Schwertern

rückten sie dem Untier zu Leibe. Aber den Drachen kümmerte das alles nicht. Er schubste sie einfach in seine Drachenhöhle hinein und hielt sie dort gefangen.
Und darum schien das Elend der kleinen Stadt einfach kein Ende nehmen zu wollen.

Bis sich eines Tages der Sohn des Schusters auf den Weg zur Drachenhöhle machte. Seine Familie war sehr arm, und darum wollte Aljoscha nun auch sein Glück versuchen. Leise schlich er durch den Wald. Tagelang tat er nichts weiter, als den Drachen zu beobachten.

„So, so", murmelte er, als er genug gesehen hatte, und am nächsten Tag ging er zum Palast.

„Was willst du hier, Betteljunge?", knurrte der Diener am Schlossgraben misstrauisch. Aljoscha erklärte, warum er gekommen war, und bat um eine Rüstung und ein Schwert, um gegen den Drachen zu kämpfen, so wie sie jeder vom König bekam, der den Kampf gegen das Ungeheuer aufnehmen wollte. Aber weil Aljoscha so jung und mager und blass und zerlumpt gekleidet war, bekam er nur ein kleines, stumpfes Schwert und eine zerbeulte, rostige Rüstung. Dennoch wollte er dem Drachen gegenübertreten und wagte sich zurück in den Wald. Dort kroch er zunächst ins Unterholz und sah sich um.

Schließlich hob er etwas vom Boden auf
und verbarg es behutsam in seiner Hand.
Dann schlich er weiter zur
Drachenhöhle.

Der Drache knurrte böse, als er Aljoscha
entdeckte. Aus seinen großen
Nasenlöchern stiegen Rauchkringel.
Aljoscha lächelte unerschrocken und
öffnete seine Hand. Darin saß eine kleine
Spinne, die nun langsam auf den riesigen
Drachen zukrabbelte.

Da fing das Ungeheuer an, zu wimmern,
und wurde schrecklich blass und machte
sich so klein wie nur möglich. Dazu begann
es, so zu zittern, dass der Waldboden
bebte. Dann ergriff es die Flucht.
So konnte Aljoscha den Drachen aus der
Gegend vertreiben.

Am Abend wanderte er stolz und zufrieden
zurück in die Stadt und ging in den Palast.
Dort wurde bereits ein Freudenfest gefeiert.
Alle Gefangenen des Drachen waren
erschöpft und ausgehungert, aber
unverletzt zurückgekehrt. Der König
war prächtiger Laune. Aber er verzog
das Gesicht, als er unter den
feiernden Gästen plötzlich diesen
dünnen, schmutzigen Jungen entdeckte.
„Wer bist du, und was willst du?", fragte er
streng.

„Ich habe die Stadt von dem Drachen befreit", sagte Aljoscha höflich. „Jetzt warte ich auf meinen Lohn."

„Deinen Lohn?", wiederholte der König und machte ein geiziges, missmutiges Gesicht.

„Ja", sagte Aljoscha.

Aber der König hatte nicht die geringste Lust, diesem zerlumpten Jungen etwas von seinem Gold abzugeben und ihn dazu auch noch zu seinem Ritter zu machen.

„Verschwinde, du Rotzbengel", knurrte er deshalb ungnädig und scheuchte den Schusterjungen aus dem Schloss wie eine lästige Stechmücke.

Eine Weile stand Aljoscha traurig vor dem Schlosstor, das sie ihm vor der Nase zugeschlagen hatten. Aber dann hatte er eine Idee.

Und am nächsten Tag dröhnte die Erde,
als das riesige Ungeheuer zurückkam.
Es fauchte gereizt und stampfte knurrend
durch das Stadttor. Alle Menschen schrien
vor Angst und Entsetzen, und niemand
achtete auf die kleine schwarze Spinne,
die hinter dem wilden Drachen
hertrippelte.

Es dauerte nicht lange, und Aljoscha wurde
in den Palast gerufen.
„Holt diesen Schusterjungen her!",
keuchte der König voller Angst und
klammerte sich an seinen Kriegsminister.
„Er soll dieses Untier noch einmal
vertreiben!"

Aljoscha lächelte, als er den Ruf vernahm.
Schnell fing er seine Spinne ein und
verstaute sie vorsichtig in seiner
Jackentasche. Der Drache atmete auf und
machte sich wieder aus dem Staub.
Diesmal jubelten alle Menschen Aljoscha
zu, und noch bevor es Abend war, war
Aljoscha zum Ritter geschlagen und mit
Gold überschüttet worden.

Ritter Alois erhält den Ritterschlag

In einem kleinen Altersheim am Rande
einer kleinen Stadt lebte ein sehr alter
Mann. Den ganzen Tag saß er alleine auf
seinem kleinen Balkon und schaute still vor
sich hin. Er dachte immerzu an seine
Tochter und seine beiden Enkelkinder, die
weit weg in Amerika lebten.
„Verflixt noch mal, bin ich einsam",
murmelte er manchmal vor sich hin und
rührte nachdenklich seinen Tee um.
Aber eines Tages geschah etwas, das sein
ganzes stilles Leben umkrempelte.
Denn der alte Mann aus dem Altersheim
wurde ein Ritter. Und das kam so:
Der Name des alten Mannes war Alois
Ritter, und er war fast achtzig Jahre alt.

In den letzten Jahren hatte er zu nichts
mehr richtig Lust gehabt. Er fühlte sich nur
noch müde und alt und erschöpft und
traurig und nutzlos.
Aber eines Tages wehte ein wirbeliger
Windstoß seinen schwarzen Mantel, den er
zum Lüften hinausgehängt hatte, über die
Balkonbrüstung und hinunter auf die
Straße.

Und dort fiel er Jannes genau auf den
Kopf. Jannes war sechs Jahre alt und
gerade dort unten mit Finn und Mia
unterwegs.
Verwirrt zog er sich den Mantel vom Kopf,
und alle drei schauten nach oben. Da
waren ein paar gewöhnliche Häuser und
auf der anderen Straßenseite das alte,
baufällige Haus mit den schönen
Dachtürmen, die Jannes so gerne hatte.
So ein Haus müsste man haben.
Wie eine Ritterburg sah es aus.

Jannes schaute sich das Ding, das ihm da auf den Kopf gefallen war, genauer an. Es war ein altmodischer Mantel mit altmodischen silbernen Knöpfen. Auf jedem Knopf war ein schöner Schnörkel.

In diesem Moment entdeckte Mia ein kleines Namensschild, das in den Mantel eingenäht war.

„Seht mal, da steht Ritter drauf!", rief sie überrascht.

„Dann gehört der Mantel also einem echten Ritter!", staunte Finn.

Jannes hielt die Luft an. Was für ein Glück, dass er ausgerechnet eben durch die Luft geweht war! So würden er, Finn und Mia endlich einmal einen echten Ritter kennenlernen. Bestimmt wohnte er in dem schönen, alten Haus mit den Türmchen.

„Hallo?", riefen Jannes, Finn und Mia deshalb aufgeregt. „Hallo? Hallo? Hallo?" Niemand antwortete ihnen.

„Hallo? Hallo? Hallo?", rief Jannes hartnäckig weiter. In dem schönen, alten Haus blieb alles still.

Aber aus einem der gewöhnlichen Häuser schaute plötzlich ein alter Mann.

„Gehört der Mantel Ihnen?", fragte Jannes und hatte Herzklopfen vor Aufregung.

Der alte Mann nickte. Da bekam Jannes noch mehr Herzklopfen und machte eine tiefe Verbeugung. Auch Finn und Mia verbeugten sich. Der alte Mann schaute sie erstaunt an.

„Dürfen wir Ihnen den Mantel hochbringen, Herr Ritter?", fragte Jannes eifrig.

„In Ordnung", sagte Alois Ritter und ging langsam zur Tür, um zu öffnen. Blitzschnell stürmten Jannes und seine Freunde herein. Wieder verbeugten sie sich tief.

„Warum tragen Sie denn keine Rüstung?", erkundigte sich Mia neugierig. „Oder wenigstens ein Kettenhemd?"

„Wie bitte?", stotterte Alois Ritter verblüfft.

Aber dann hielt er still, denn Jannes legte ihm feierlich den schwarzen Mantel über die Schultern. Dann griff er nach der Hand des alten Mannes.

„Los, wir bringen Sie zurück in Ihre Ritterburg", bot er freundlich an.

„Aber . . .", stotterte Alois Ritter. Doch dann ließ er sich einfach mitziehen. Vorsichtig stieg er die Treppen hinunter und trat auf die Straße. Hier war er schon lange nicht mehr gewesen.

„Haben Sie kein Schwert?", fragte Finn.

„Nein, leider nicht", gab Alois Ritter zu.

„Ich könnte Ihnen eines schnitzen", schlug Finn vor. „Ich kann schon ganz gut schnitzen. Wenn mein Papa mir hilft."

Der alte Mann nickte, und dann betrat er zum ersten Mal das alte, verwitterte Haus, das er sonst immer nur anschaute, wenn er auf seinem kleinen Balkon saß.

„Ihre Ritterburg ist sehr schön", sagte Jannes und schob hilfsbereit ein paar lose Bretter zur Seite, die im Weg lagen. Und dann richteten Jannes, Mia und Finn ein gemütliches Ritterzimmer ein, und zwischendurch lief Jannes nach Hause und brachte auf dem Rückweg seinen Papa und einen Teller Kuchen mit.

Jannes' Papa schüttelte dem alten Mann
die Hand und lächelte.

„Er ist ein Ritter", flüsterte Jannes
ehrfürchtig.

„Wie heißt du?", erkundigte sich Mia.

„Nun, ich heiße Alois Ritter", sagte der
alte Mann.

„Siehst du, er ist ein Ritter", wiederholte Jannes zufrieden und sah seinen Papa an. „Ritter Alois! Und jetzt ist er unser Freund."

„Ich würde mich freuen, sie auch mal in unserem Haus begrüßen zu dürfen, Herr Ritter", sagte Jannes' Papa.

Der alte Alois Ritter war plötzlich sehr glücklich. Lächelnd saß er da und aß seinen Kuchen.

„Du musst uns alles Spannende aus deinem Leben erzählen", bat Mia und lächelte dem alten Ritter zu.

„In Ordnung", sagte der, und von da an war er nie mehr einsam.

Und ein Ritterschwert bekam er auch. Sogar ein goldenes.

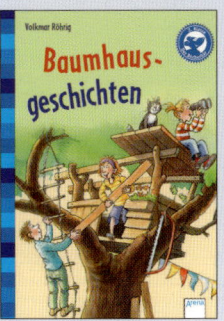

Vampirgeschichten
ISBN 978-3-401-70077-9

Freundschaftsgeschichten
ISBN 978-3-401-70074-8

Baumhausgeschichten
ISBN 978-3-401-70079-3

Ballettgeschichten
ISBN 978-3-401-70050-2

Jeder Band: Ab 7 Jahren • LeseSafari • Durchgehend farbig illustriert
72 Seiten • Gebunden • Format 15,9 x 21,1 cm

Mit Bücherbär am Lesebändchen

Kurze Geschichten zu einem
Thema für fortgeschrittene Leser

Hoher Illustrationsanteil

Fibelschrift

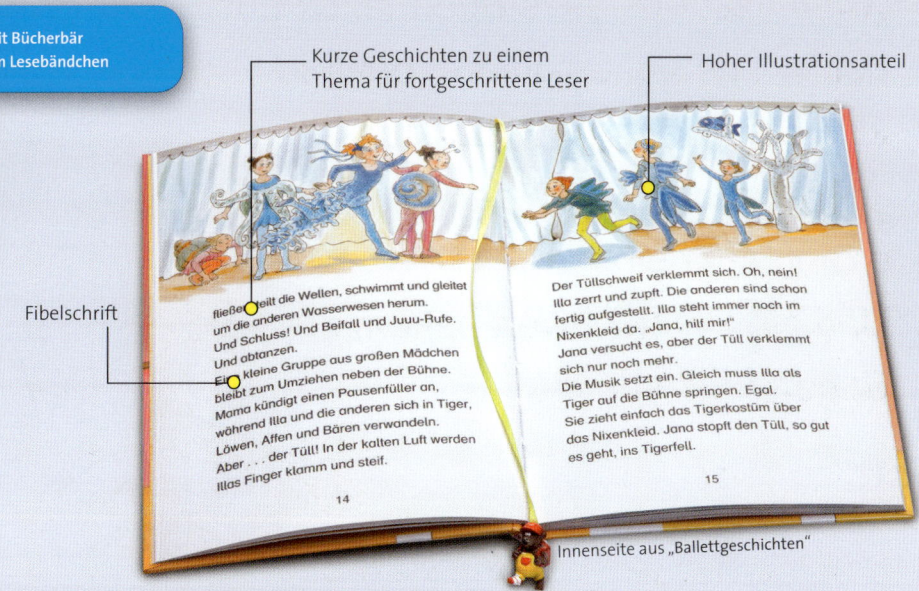

fließen teilt die Wellen, schwimmt und gleitet
um die anderen Wasserwesen herum.
Und Schluss! Und Beifall und Juuu-Rufe.
Und abtanzen.
Eine kleine Gruppe aus großen Mädchen
bleibt zum Umziehen neben der Bühne.
Mama kündigt einen Pausenfüller an,
während Illa und die anderen sich in Tiger,
Löwen, Affen und Bären verwandeln.
Aber . . . der Tüll! In der kalten Luft werden
Illas Finger klamm und steif.

14

Der Tüllschweif verklemmt sich. Oh, nein!
Illa zerrt und zupft. Die anderen sind schon
fertig aufgestellt. Illa steht immer noch im
Nixenkleid da. „Jana, hilf mir!"
Jana versucht es, aber der Tüll verklemmt
sich nur noch mehr.
Die Musik setzt ein. Gleich muss Illa als
Tiger auf die Bühne springen. Egal.
Sie zieht einfach das Tigerkostüm über
das Nixenkleid. Jana stopft den Tüll, so gut
es geht, ins Tigerfell.

15

Innenseite aus „Ballettgeschichten"

Geübtere Leser sollten mal auf Safari gehen! In mehreren Geschichten zu einem
attraktiven Kinderthema gibt es viel Spannendes und Neues zu entdecken. Alle
Geschichten sind von bekannten Autoren.

In Zusammenarbeit mit
westermann